卢娜 编著
马亮 绘图

蒙特梭利教育
0～6岁儿童右脑开发

中国人口出版社

图书在版编目（CIP）数据

0～6岁儿童右脑开发 / 卢娜编著. —北京：中国人口出版社，2011.11
（蒙特梭利教育丛书）

ISBN 978-7-5101-0908-9

I.①0…　Ⅱ.①卢…　Ⅲ.①智力开发—学前教育—教学参考资料　Ⅳ.①G613

中国版本图书馆CIP数据核字（2011）第201617号

0~6岁儿童右脑开发

卢　娜　编著

出版发行	中国人口出版社	
印　　刷	天津市蓟县宏图印务有限公司	
开　　本	890×1240　　1/20	
印　　张	5	
字　　数	50千	
版　　次	2012年1月第1版	
印　　次	2012年4月第2次印刷	
书　　号	ISBN 978-7-5101-0908-9	
定　　价	19.80元	

社　　长	陶庆军	
网　　址	www.rkcbs.net	
电子信箱	rkcbs@126.com	
电　　话	(010) 83534662	
传　　真	(010) 83519401	
地　　址	北京市宣武区广安门南街80号中加大厦	
邮政编码	100054	

前言

　　风靡全世界的蒙特梭利教育法是由意大利医学博士，杰出的教育家玛利娅·蒙特梭利创造的。她认为每个孩子都是天才，孩子们都以力所能及的方式积极探索周围的环境，吸收环境中的一切，渐渐走向独立。蒙特梭利充分研究了儿童的特性，指出0~6岁是人一生接受教育的敏感期。她认为敏感期是孩子发展的最佳时期，是孩子学习的机会之窗。蒙特梭利教育法大致包括：日常生活教育、感觉教育、数学教育、语言教育、自然人文教育、社会文化教育和音乐艺术教育等几部分。其特点是：

　　1. 培养孩子的数学思维。这种训练并不是要使孩子特别喜欢数学，而是通过运用蒙氏教育对孩子的启发，使孩子的思维方法和对事物的处理方法具有逻辑性。

　　2. 培养孩子的语言能力。现代孩子的语言表达能力普遍下降。然而，接受蒙特梭利教育的孩子可以清晰地表达自己想说的内容，从容不怯懦地把自己的思想表达出来。

　　3. 增强动手创造的能力。蒙特梭利教具给孩子许多机会使用手指，有助于幼儿动作的灵活、协调和正确，还有助于锻炼幼儿的意志和发展幼儿之间的合作关系。创作的乐趣使孩子显现出自主的学习态度。

　　4. 使孩子注意力集中而且具有耐心。多数成年人都认为要孩子精神集中是件困难的事。通过自由持续做活动的环境，孩子的注意力可以进入非常深度的集中。专注而耐心的个人品质对一个人一生有重要的影响。

5. 感官训练可以使孩子敏锐地享受生活。蒙特梭利认为，必须对幼儿进行系统的和多方面的感官训练，使他们通过对外部世界的直接接触，发展敏锐的感觉和观察力。0~6岁的感官敏感期缺乏训练，会造成一生感官迟钝的遗憾。

6. 实际生活练习使孩子心理发育。蒙特梭利十分重视幼儿的实际生活练习。这种练习分为两类，一类是与儿童自己有关的，另一类是与环境有关的。通过实际生活练习，幼儿可以培养独立生活和适应环境的能力。

本套图书吸收并融合了上述蒙氏教育理念、感觉统合理论、多元智能理论、关键期教育、左右脑训练等有效的早期教育思想，编入大量相关游戏，并尽可能以翔实、通俗的文字给予指导。

蒙氏教具是蒙氏教育的重要组成部分。本书介绍了一部分蒙氏教具，特别是家庭可以自制的教具，这些教具既可以作为游戏的玩具，又可以举一反三开发孩子的智能。

本套图书内容不分年龄段，适合0~6岁孩子在语言、数学、智力、感觉、社会生活、艺术、左脑、右脑方面，由易到难进行全面的学习和训练。

本书的作者都是长期工作在一线的北京幼教教师，他们有丰富的教学经验，正规的教学方法。他们选择的游戏，依据孩子生理、心理发展的特点，利用孩子身边熟悉的、孩子感兴趣的事物和问题，强调从知识技能、情感态度、实用操作和创新能力四大方面实现孩子的全面发展。每个主题设计均考虑孩子形象思维的特点，通过游戏提高自主解决问题的能力，让孩子在快乐中学习，在学习中感受快乐。

不要把和孩子玩当成负担。一分耕耘，一分收获，这样的付出是值得的。回想一下，能和父母一起玩的童年也只有短短几年的光景。把握和孩子玩的机会吧，不要给孩子的成长留下遗憾。

培养孩子的空间智能 ①

目录

0～6岁儿童

右脑

开发

0~6岁儿童 **右脑** 开发

0～6岁儿童

右脑

开发

多种方法训练孩子右脑 68

培养孩子的空间智能

按照心理学的标准，空间智能可分解为以下几个要点：对物体的空间关系及个体自身所在空间、所处位置的知觉，包括对形状、大小、方位、距离的知觉；掌握线条、平面、空间、形状、色彩的能力和了解它们彼此间的关系。艺术、机械、设计、构造等活动，航海家、飞行员、雕塑家、画家和建筑师的工作都显示了较高的空间智能。

培养孩子的空间感觉有助于他们以后灵活应对数学等科学。对于孩子来说，填画、拼图、拼插积木、看图表、看图形、捉迷藏、辨认地理方位、走迷宫、看地图等都是培养空间智能的好方法。特别是拼插积木和拼图，取材简便，无须太多准备，具备开放性，不受一定答案的限制，可以一物多做，可以反复做，是孩子们的最爱。

听口令

难易程度 ★☆☆☆☆

蒙氏方略：训练孩子分清左右，以及认识方位。

蒙氏新语

　　方位知觉：主要指方位定向，如分辨前后、左右、上下。方位定向是多种感觉协同活动的结果。对婴幼儿来说，听觉和视觉同样重要，特别是在早期，听觉定位的出现甚至早于视觉定位。

蒙氏指导

　❶ 大家围坐一圈，由一人发号令，大家按照号令去做。

　❷ 比如，"用左手摸右眼"、"抬右腿"等。

　❸ 谁做错就表演个节目，并且下一个号令由他发。

指指看

蒙氏方略：训练孩子的空间能力。

蒙氏指导

指指看，小动物各自拿的积木分别能放入哪一个木框里去？

小熊照镜子

难易程度 ★☆☆☆☆

蒙氏方略：了解照镜子的影像原理，分清左右。

蒙氏指导

在右边的几只小熊中找出镜子里的小熊。

蒙氏新语

形状知觉是个体对物体各部分的排列组合的反应，是视觉、触觉和动觉协同活动的结果。

缺了什么

难易程度

蒙氏方略：图形知觉，训练孩子观察形态的精确性。

蒙氏指导

看上图，说说画的是什么？再看看每幅图少了什么？用笔补画。

哪两个图形一样

难易程度 ★★☆☆☆

蒙氏方略：提高孩子的空间知觉。

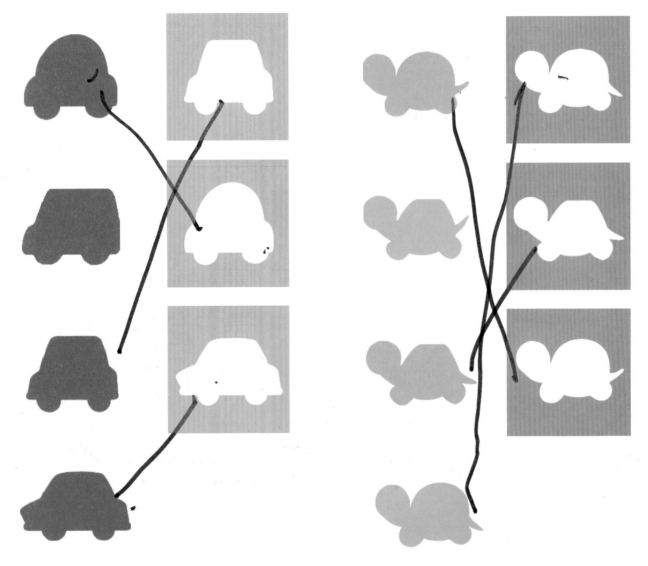

蒙氏指导

左边的哪个图能放进右边的框里？剩下的是哪个？

它们是什么

难易程度 ★★☆☆☆

蒙氏方略：强化孩子的图形观察辨别的能力。

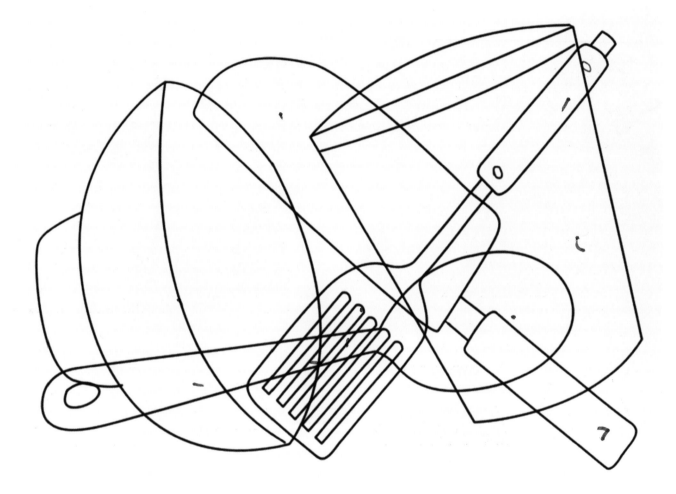

蒙氏指导

图中隐藏了5种东西，找找看，它们是什么？

蒙氏新语

右脑发达的人在知觉和想象力方面可能更强一些；而且知觉、空间感和把握全局的能力都有可能更强一些。在各种动作上相对更敏捷一些。

7

大小图形

蒙氏方略：强化孩子的图形知觉，理解大小的相对性。

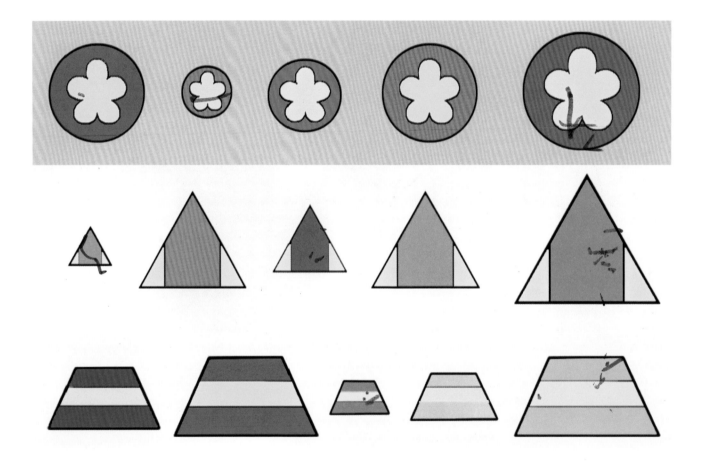

蒙氏指导

让孩子观察上面3组图形，然后回答：哪个圆形最大？哪两个三角形一样大？最小的梯形是哪个？

蒙氏新语

运用蒙氏教法，使孩子对事物的处理方法和思维方法具有了更独特的数学逻辑性。

帮他们找家

图 形

难易程度 ★★☆☆☆

蒙氏方略：提高孩子图形认知的能力。

蒙氏指导

傍晚，小动物要回家了，他们从哪条路走能回家？

蒙氏新语

教给孩子各种方向。带孩子外出时，牵着他的小手，告诉他，"妈妈走在宝宝的右边，宝宝走在妈妈的左边"或者"宝宝在妈妈的前边，妈妈在宝宝的后边"等。

数数看

蒙氏方略：训练孩子对图形的辨识。

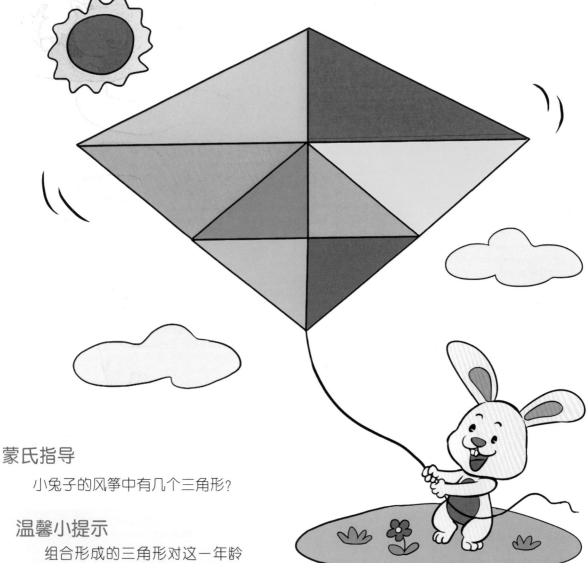

蒙氏指导

小兔子的风筝中有几个三角形？

温馨小提示

组合形成的三角形对这一年龄段的孩子来说难度过高，因此只需数单个的三角形即可。

哪个反了

蒙氏方略：训练孩子左右正反的感觉。

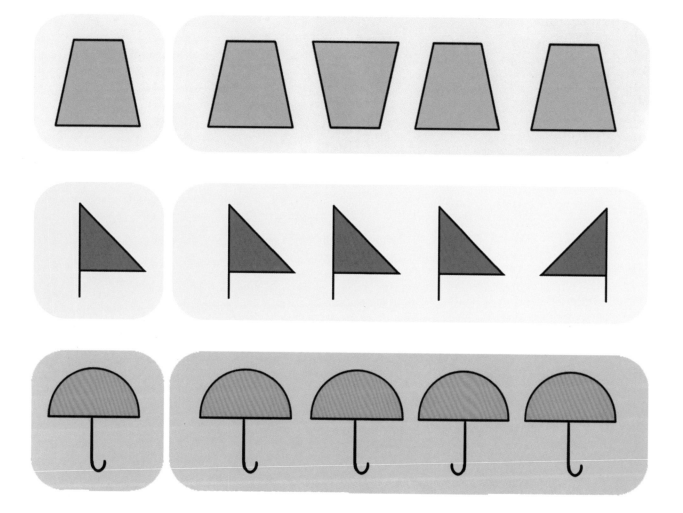

蒙氏指导

看上图，右边哪个图形是左边图形的相反图？

图 形　几个三角几条鱼

难易程度 ★★★☆☆

蒙氏方略：训练孩子的图形知觉和辨别能力。

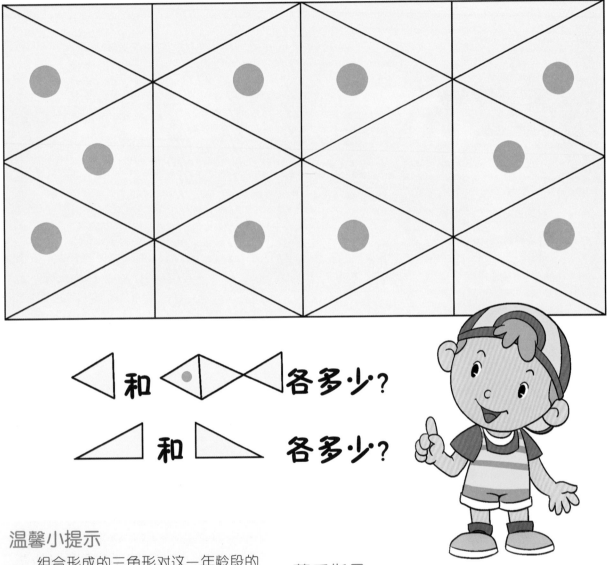

温馨小提示

　　组合形成的三角形对这一年龄段的孩子来说难度过高，因此只需数单个的三角形即可。

蒙氏指导

　　在上面图中，有多少个三角形，有多少条鱼？

12

小蝴蝶找妈妈

难易程度 ★★★☆☆

蒙氏方略：通过迷宫游戏训练孩子的空间感觉。

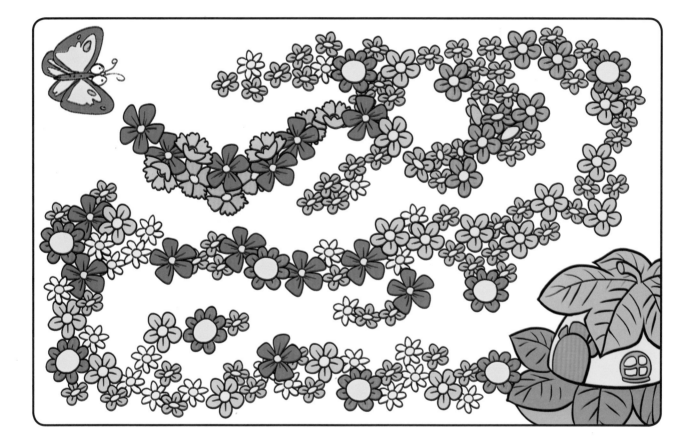

蒙氏指导

　　小蝴蝶找不到妈妈了，它必须按照花园里的路仔细找才能找到妈妈。帮它找找好吗？

游戏拓展

　　记路能力也是空间认识能力，你可以带孩子在公园散步，然后让孩子带着你沿原路返回。还可以让孩子眺望天空，观看天空中的云朵。渐渐地孩子就会感觉到云朵的立体形象和立体层次。这些都是孩子利用空间认知锻炼右脑的最好方法。

13

组 合

破碎的金币

难易程度 ★★★☆☆

蒙氏方略：训练孩子的图形组合能力。

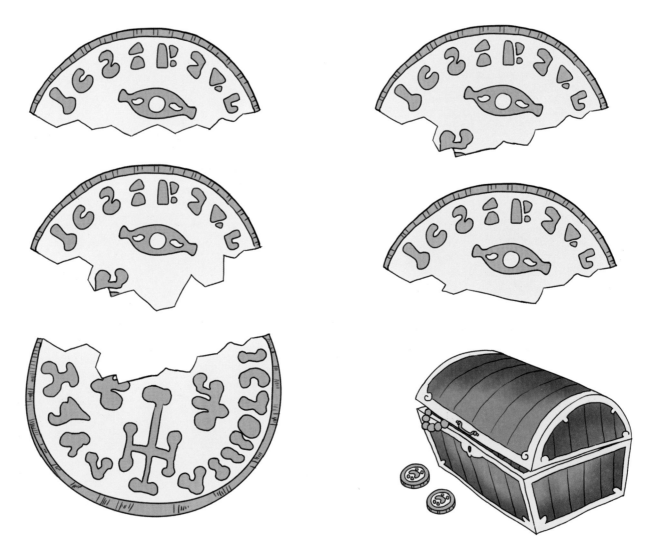

蒙氏指导

专家从古墓中挖掘到一枚金币，但是缺了一半。他的学生又挖到4块残片，哪一块是这个金币的另一半？

14

谁的影子

蒙氏方略：训练孩子的形态认知。

蒙氏指导

指一指，下面是谁的影子？

按图示画线

蒙氏方略：培养孩子的协调能力和空间知觉能力。

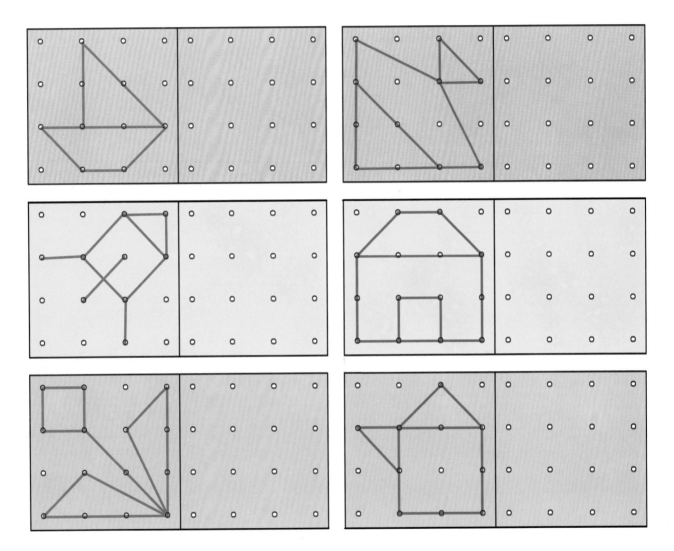

蒙氏指导

按照左图的样子，在右边的方框中连点画线。

画错了的斑马

难易程度 ★★★★☆

蒙氏方略：训练孩子对图像的感觉。

蒙氏指导

❶ 斑马的花纹与人的指纹一样，是独一无二的，没有两匹斑马的花纹是相同的。

❷ 粗心的小明画斑马时却忽略了这一点，帮他看看，有没有画错？有哪两匹斑马的花纹一样？

17

缺了什么颜色

难易程度 ★★★★☆

蒙氏方略：强化孩子观察图形的能力。

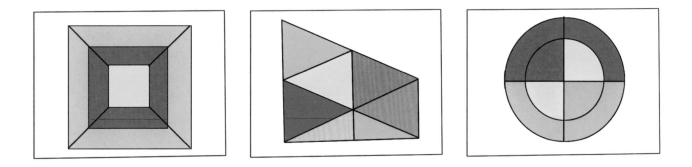

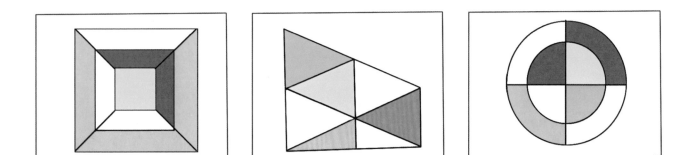

蒙氏指导

老师让小明照样子把3个图形画出来，但是小明贪玩，没画完就去玩了。让孩子按照上面的样子，把下面的图帮小明画完。

温馨小提示

补画时画得不好没关系，只要明白按照上图去补画就行了。

18

哪两个一样

难易程度 ★★★★☆

蒙氏方略：训练孩子观察图形的目的性和精确性。

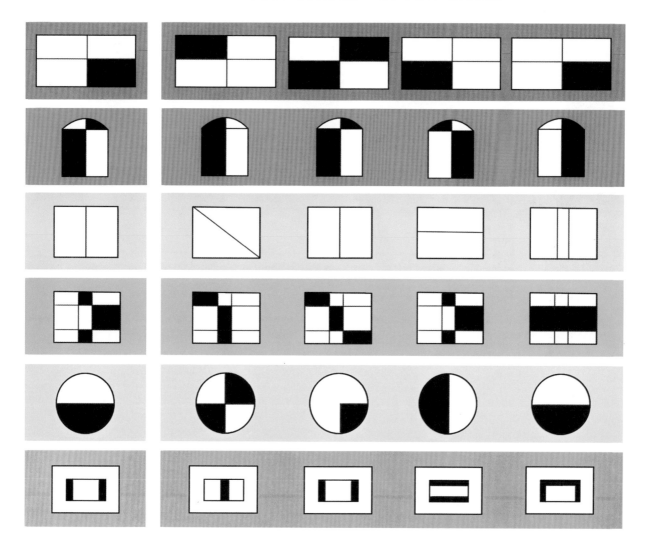

蒙氏指导

看上面6组图，右边哪个图形和左边的图形一样？

温馨小提示

孩子注意力集中的时间短，可能一次不能都看完，可以分几次玩。

找斑马

难易程度 ★★★★☆

蒙氏方略：锻炼孩子的图形识别能力。

蒙氏指导

上图中隐藏着一个斑马头，用彩笔涂出来。

20

哪个反了

难易程度 ★★★★☆

蒙氏方略：训练孩子观察的目的性和概括能力。

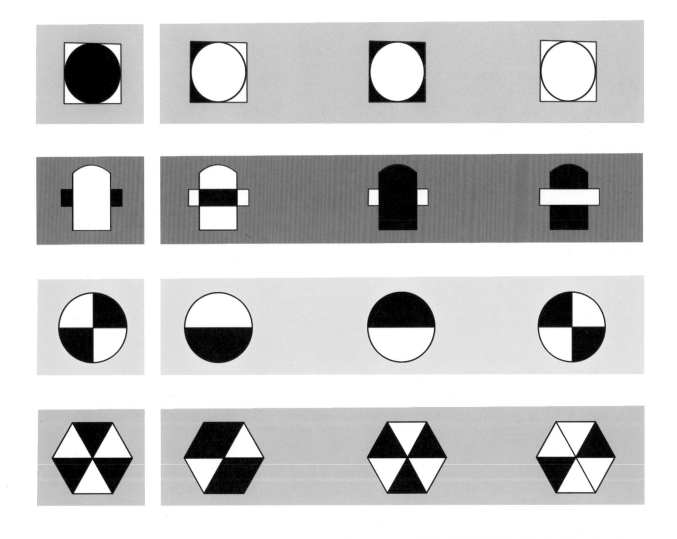

蒙氏指导

看上图，在右边3个图形中找出与左图相反的1个图。

温馨小提示

有难度，孩子回答以后，问问他为什么其他不是？

方 位

水 流

难易程度 ★★★★☆

蒙氏方略：训练孩子的方位感。

蒙氏指导

爸爸开车带小明去郊游，他们沿河边行驶，说说小明坐在车里会觉得河水向什么方向流？

剪图形

难易程度 ★★★★☆

蒙氏方略：训练孩子的图形认知能力。

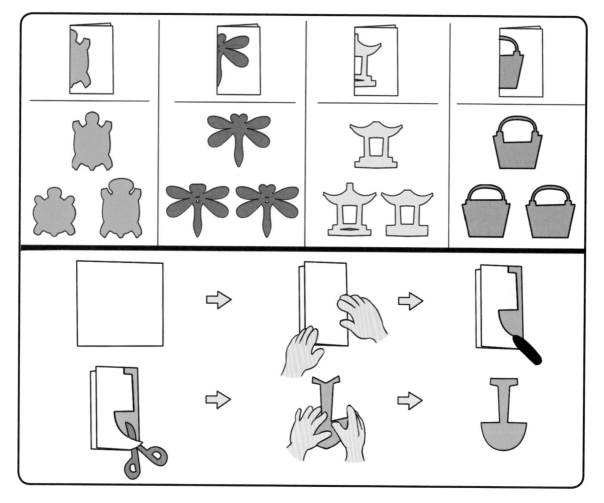

蒙氏指导

❶ 看看从上图那张纸剪下来的是下面哪一个？

❷ 试试在对折的纸上画个图形，剪下来，看看是什么样子？

蒙氏新语

折纸活动可教授并鼓励孩子用不同的方法把纸折成不同图案，尝试制作一些简单的折纸手工。如把正方形纸张折叠起来，然后沿折叠线剪裁出各种形状，如富有创意的雪花等，可增强孩子的空间感。

23

用小脚量一量

难易程度 ★★★★☆

蒙氏方略：使孩子加深对数的认识和理解。

蒙氏新语

　　测量包括对刻度、重量等单位的感知。不妨抽空带孩子拿一个米尺量量楼道有多长，或拿小尺量量铅笔盒有多长，让他知道测量是用一个个单位去量，并且这个单位是统一的，让他能在最简单的测量中理解和感受单位。

蒙氏指导

　　教孩子用脚比着测量地板、床等，一边测量一边数。

印 章

难易程度 ★★★★★

蒙氏方略：强化孩子的理解能力和观察图形的能力。

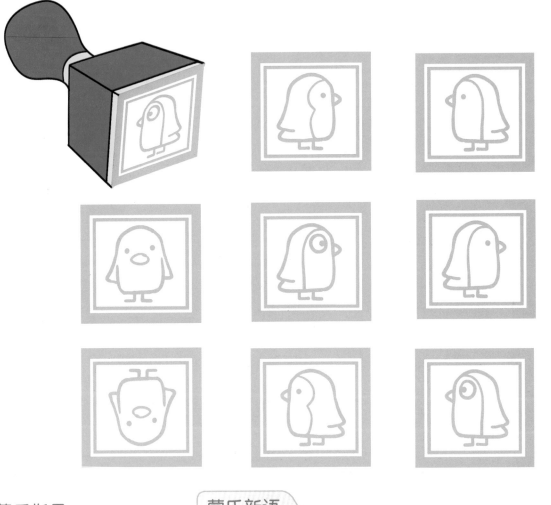

蒙氏指导

看看上面8个图形，只有一个是印章印出来的，是哪个？

蒙氏新语

在孩子玩游戏的同时，妈妈的参与很重要，因为妈妈的爱心和耐心能够很好地诱导孩子投入游戏当中，将精神营养和物质营养有机联系起来，给予孩子最大的安全感和最好的心灵沟通。

搬新居

难易程度 ★★★★★

蒙氏方略：训练孩子的空间知觉、位置判断和推断能力。

蒙氏指导

① 新房盖好了，小动物们住进新居。

② 大门右边是小猪家；小兔家在小猪家上边；松鼠住在小猫右边，狐狸家在小狗左边。

③ 请把他们的图像画在自己的窗口吧。

图中有图

难易程度 ★★★★★

蒙氏方略：增强孩子的观察能力和图形认知能力。

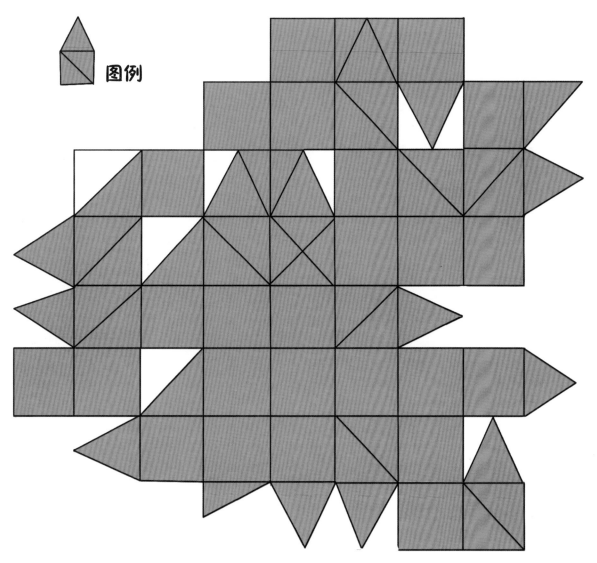

图例

蒙氏指导

仔细看看图例，从图中找找与图例完全一样的图形，数数有几个。

认照片

难易程度 ★★★★★

蒙氏方略：训练孩子的方位认知和空间能力。

蒙氏指导

① 城里盖了一座高楼，小兔、小鸭、小鹰、小猴去给大楼拍照。

② 照片洗出来，它们分不清自己拍的是哪张，帮它们找找吧。

勤动手培养创造力

创造力是右脑的功能之一。俗话说心灵手巧，灵巧的手是一个人大脑发育良好的标志。而手动作的灵敏又会反过来促进大脑各个区域的发育。这就是人们常说的"眼过百遍，不如手做一遍"。蒙特梭利也指出，孩子的动手能力不能忽略。她说，培养孩子动手能力的方法主要有以下3种：一是指导孩子做手工，如折纸、剪贴；二是锻炼孩子的自理能力，如整理玩具、打扫房间、洗小·物品；三是提供各种结构材料，让孩子玩结构游戏，如积木、插塑、拼装玩具、橡皮泥、沙石、冰雪等。做到以上3点，孩子的动手能力一定会大大增强。

雕塑

玩 沙

难易程度 ★☆☆☆☆

蒙氏方略：增强孩子的触觉和创造力。

蒙氏指导

❶ 大多数男孩都喜欢玩沙。玩沙时给孩子准备一些塑料小碗、小盆子、玩具小铲子、塑料桶、小木片、小木棒等。孩子到了沙地后会做"盛饭"、"炒菜"的游戏；还会在沙堆上打洞、挖井、搞建筑、建城堡等。

❷ 挖出些沙来，洒些水弄湿后，灌入一个个形状各异的小盆子内，把沙按得严严实实的，然后把小盆子倒过来，可做成圆的、方的、三角形的、梯形的等沙器模型。

30

玩面团

难易程度 ★☆☆☆☆

蒙氏方略：强化触觉接受能力，促进孩子的探索能力。

蒙氏指导

❶ 准备一个盆子，倒进一些面粉，加上彩色颜料，加水和成团。

❷ 让孩子用手揉成各种形状，简单的圆球、方块，或香肠、面包、汉堡皆可。

❸ 也可用橡皮泥，捏成各种样子。

温馨小提示

让孩子穿上工作袍，玩得尽兴些，即使弄脏衣服也没关系。

弹珠绘画

难易程度 ★☆☆☆☆

蒙氏方略：培养孩子分辨颜色的能力及动手能力，体会亲自动手的快乐。

蒙氏指导

❶ 将4种不同颜色的颜料倒入不同的碗中，并在每个碗里投入一颗弹珠。

❷ 将一张白纸置于有边的容器内，如纸盒或是烤盘中。

❸ 再将包裹着颜料的弹珠置于白纸上，将盒子前后左右地摇动，让弹珠在纸上随着动作前后左右地滚动。孩子们肯定会喜欢看着弹珠在纸上涂画出不同的颜料痕迹。

 绘 画

团球粘画

难易程度 ★☆☆☆☆

蒙氏方略：这个游戏可以训练孩子的小手肌肉动作，培养孩子的动手能力。

蒙氏指导

❶ 准备一些皱纹纸、一幅画和胶水。

❷ 将皱纹纸团成小球，把团好的球用胶水粘在画上。

穿项链

难易程度 ★☆☆☆☆

蒙氏方略：锻炼孩子手眼协调能力，提高竞赛意识。

蒙氏指导

孩子将同等数量的珠子穿成项链，系扣，戴到脖子上，先者为胜。

瓜子艺术画

难易程度 ★★☆☆☆

蒙氏方略：手工可以让孩子表达兴奋的情绪，体验成就感。

蒙氏指导

❶ 让孩子将瓜子壳或糖果包装纸等，用胶水随自己的喜好、想象粘贴在画纸上面。

❷ 然后再用水彩加入自己喜欢的色彩，完成属于孩子的创意艺术画，这是相当有趣的活动哦！

35

手 影

难易程度 ★★☆☆☆

蒙氏方略：培养孩子的动手能力。

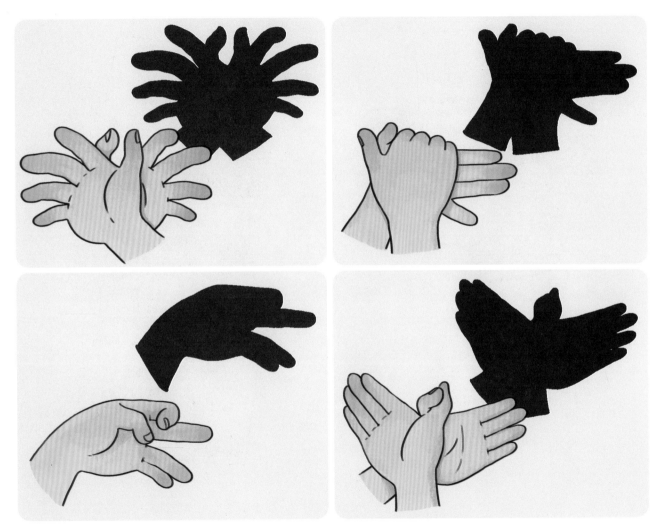

蒙氏指导

看看墙上的手影都像什么？

捏刺猬

难易程度 ★★☆☆☆

蒙氏方略：培养孩子的动手能力，感受劳动的快乐，增强动作的灵活性。

蒙氏指导

①准备好橡皮泥、火柴棍等材料。
②让孩子用橡皮泥揉一个大圆团。
③用手指在圆团的一侧捏出一个尖尖的鼻子。
④把火柴棍截短一点，插在圆团上做刺猬身上的刺，火柴头做眼睛。
⑤用橡皮泥揉一些小圆团插在火柴棍上做苹果。

"鱼"在水中游 难易程度 ★★★☆☆

蒙氏方略：开发孩子的想象力，提高孩子的动手能力。

蒙氏指导

① 与孩子一起收集各种各样的树叶。

② 将树叶洗净、吹干、压平。

③ 准备好剪刀、胶水、油画棒、白纸。

④ 让孩子充分发挥想象，用树叶剪成各种鱼的形状，粘贴在纸上，并添画上大海的背景。

做熊猫

难易程度 ★★★☆☆

蒙氏方略：训练孩子的想象力和创造力。

蒙氏指导

① 找两个中药丸的壳，先在一个壳上插两片黑纸片，做成耳朵；再剪两块黑椭圆形纸片贴上做眼睛；剪个半圆做嘴，这样熊猫头就做好了。

② 用黑橡皮泥做4条腿（也可以用4块黑纸片），粘在另一个药壳上，把两个药壳粘在一起，就是一个熊猫宝宝。

39

线贴装饰画

难易程度 ★★★☆☆

蒙氏方略：尝试用线粘贴绘制成图案，体验用不同材质作画的乐趣。

蒙氏指导

　　为孩子准备各种颜色、质地、粗细的线，和孩子一起将线先剪成小段，在纸上用胶水绘制一幅图案，用彩线进行盘绕粘贴，做成粘贴画。

开 锁

难易程度 ★★★☆☆

蒙氏方略：训练孩子的动手能力。

蒙氏教具："锁"

蒙氏指导

① 家庭自制：可以用家庭中的锁具，或带锁的小箱子代替。

② 找出家里的大小锁具，给孩子钥匙，让他理解一把钥匙开一把锁的道理，同时锻炼手的准确性。

染 画

难易程度 ★★★☆☆

蒙氏方略：训练孩子的想象力。

蒙氏指导

　　把面巾纸折成四方形或者三角形，用彩色水笔在角上涂色，涂好以后把纸打开，好漂亮。

做印章

难易程度 ★★★★☆

蒙氏方略：训练孩子的想象力。

蒙氏指导

　　把萝卜或者胡萝卜切开，在断面用笔画上图案，用小刀刻出来，蘸上颜色，印到纸上。

温馨小提示

　　注意刀子不能锋利，不要划伤孩子的手。

43

做彩色望远镜

难易程度 ★★★★☆

蒙氏方略：增强孩子的创造力，提高孩子对色彩的兴趣。

蒙氏指导

① 准备一个空面巾纸盒，红、黄、蓝色玻璃纸各一张。

② 在面巾纸盒的相对两面各挖两个孔当作望远镜，先在一面的两个孔上覆上一张玻璃纸，让孩子放在眼前，透过单层玻璃纸看看周围和远处的东西和平常看到的有什么不同。

③ 然后在另一面的两个孔上覆上第二张玻璃纸，让孩子再看看又发生了什么变化。再试试红、黄、蓝三张玻璃纸两两配合，各有什么不同。

热带树

难易程度 ★★★★☆

蒙氏方略：训练孩子的动手能力。

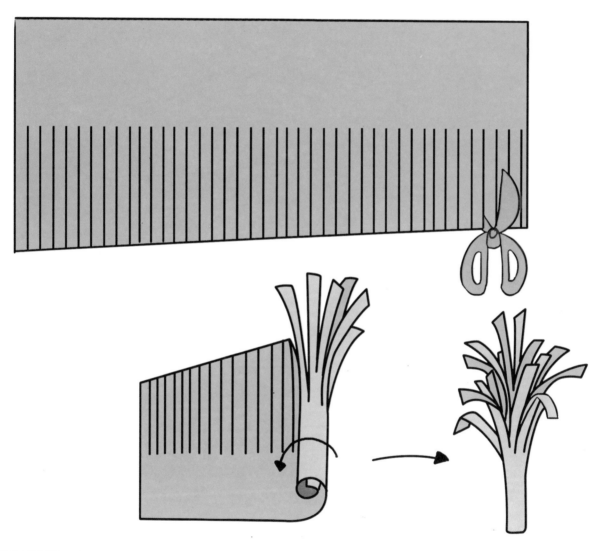

蒙氏指导

　　找一张纸，一边剪成斜面，把一面涂成绿色，然后把斜面剪成条，再卷起来，看看是不是一棵树？

小摇鸭

难易程度 ★★★★☆

蒙氏方略：训练孩子的想象力。

蒙氏指导

① 把咸鸭蛋切成两半，把蛋黄、蛋清挖出来把蛋壳洗干净。

② 在纸板上照图画好鸭头、翅膀和鸭尾，剪下。

③ 把橡皮泥或面团填在蛋壳里，插上纸片，一只摇摇晃晃的小鸭就做好了。

自制冰棒棍拼图

手 工 **自制冰棒棍拼图** 难易程度 ★★★★☆

蒙氏方略：培养孩子的观察力、构成力和分析能力。

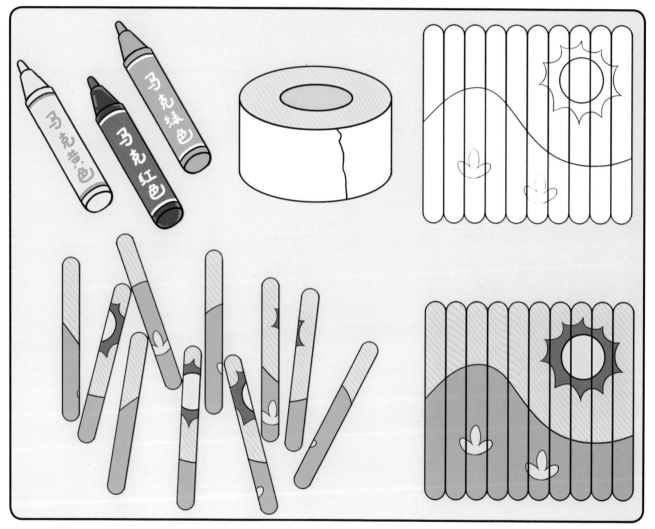

蒙氏指导

1️⃣ 准备扁冰棒棍、胶带、马克笔。

2️⃣ 将10支冰棒棍并排置于平坦的桌面上，取胶带贴附于冰棒棍后方，平整地将棒棍粘在一起之后，翻至前方，让孩子们在木质的表面画上图画。

3️⃣ 完成后，除去后方的胶带，打散混合后，让孩子们自行将图拼回原来的样子。

折小鸭

难易程度 ★★★★☆

蒙氏方略：训练孩子的形象思维和动手能力。

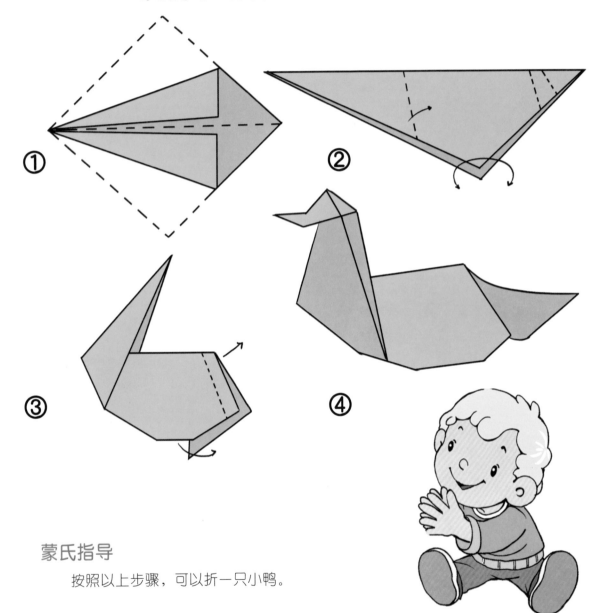

① ② ③ ④

蒙氏指导

按照以上步骤，可以折一只小鸭。

七巧板

难易程度 ★★★★★

蒙氏方略：七巧板这种传统游戏能训练孩子的想象力和创造力。

蒙氏指导

先按照上图用厚纸板给孩子做一副七巧板，然后随意摆各种图样。

动手做手印

难易程度 ★★★★★

蒙氏方略：培养孩子的动手能力，让其体会面粉不同形态下的不同特点。

蒙氏指导

① 准备盐1/2杯、水1.5杯、面粉2杯、蔬菜油2茶匙。

② 将盐、水与蔬菜油倒入大碗中混合后，倒入面粉搓揉均匀；将面粉搓揉成拳头大小的面团，利用擀面棍将面团擀平，成为厚度一致的扁平面团块；将孩子的手放在面团块上，压盖上手印；之后，将印好手印的面团块置于烤盘，以120℃的温度烘烤数分钟即可。

③ 待烤熟的面团冷却后，以马克笔勾勒出手印；最后，再标明孩子的名字与制作日期。

培养孩子的
右脑才艺

右脑主要负责音乐、形象、经验、直观等认识。右脑具有绘画感觉能力，绘画是开发右脑的最好方式之一。让孩子练习绘画，能培养其观察能力。另外，让孩子尽情欣赏绘画作品、自然风景，带孩子参观花展、盆景展，直观整体地欣赏作品，使他陶醉其中，都是开发右脑的极好方法。涂鸦也是一种综合训练，包括视觉感受、动手能力、听觉描述、语言理解等能力，对右脑刺激也是多方面的。对于幼儿来说，音乐的早期开发注重于音乐与图像的结合。

感受音乐

难易程度 ★☆☆☆☆

蒙氏方略：让孩子感受音乐，训练想象力。

蒙氏指导

❶ 放一段音乐，让孩子自由想象形象（物体、动物、风景等）。

❷ 和孩子伴随音乐起舞，培养乐感。握着孩子的手，让他随着音乐的节奏舞动。

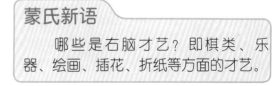

蒙氏新语

哪些是右脑才艺？即棋类、乐器、绘画、插花、折纸等方面的才艺。

瓜子交响乐

难易程度 ★☆☆☆☆

蒙氏方略：让孩子表达兴奋的情绪，体验节奏。

蒙氏指导

❶ 试着让孩子用手或小汤匙，将瓜子等小物品慢慢地放入饮料瓶中，不仅可以训练孩子手眼协调的能力，对于肢体触觉方面也相当有帮助。

❷ 放入少许的瓜子后，拧好盖子，和孩子一起有节奏地摇动瓶子，并试着打拍子，此时可以播放节奏明显的音乐，让孩子一边听一边跟着打拍子，提升音乐智能。

画苹果

难易程度 ★☆☆☆☆

蒙氏方略：这个游戏既可以培养孩子对颜色的识别，也可训练孩子手指的动作。

蒙氏指导

这棵绿色的苹果树上没有结苹果。让孩子用手指蘸一下红色的印泥或水彩，在苹果树上印上一个个小苹果，鼓励孩子，让树上结满又红又大的苹果。

游戏拓展

可以让孩子用手指画他想画的任何东西，培养孩子对色彩的分辨能力。

拼笑脸

难易程度 ★☆☆☆☆

蒙氏方略：训练孩子手的精细动作及创造能力。

蒙氏指导

　　用绒布按照上图剪两套脸形、眉毛、鼻子、眼睛、嘴，让孩子拼成不同表情。

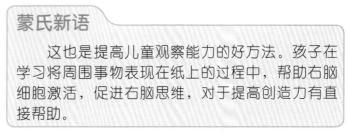

蒙氏新语

　　这也是提高儿童观察能力的好方法。孩子在学习将周围事物表现在纸上的过程中，帮助右脑细胞激活，促进右脑思维，对于提高创造力有直接帮助。

画狮子

难易程度 ★★☆☆☆

蒙氏方略：训练孩子的形象思维及绘画能力。

蒙氏指导

小明画了一头狮子，叫老师看他画得好不好，老师一看说："你还没画完呢。"帮小明看看，还有哪里没画完？帮他补上吧。

蒙氏新语

绘画是开发右脑的最好方式之一，绘画的能力是一种综合训练，它包括许多项内容，如视觉感受、动手能力、听觉描述、语言理解等。

画自己

难易程度 ★★☆☆☆

蒙氏方略：孩子通过画自己的过程，了解自己的长相、特征甚至情绪。

蒙氏指导

① 准备纸、笔、镜子。

② 让孩子先拿镜子照一照自己的脸，观察一下自己的脸部特征。

③ 让孩子画下镜中所看到的自己。

④ 最好让孩子连同心情一起画出来，如喜、怒、哀、乐等。或是通过选择不同的颜色也可以是孩子表达情绪的方式。

温馨小提示

如果孩子不知道自己的情绪是什么样的，成人可以引导他："你高兴还是生气呢？"

画女孩

蒙氏方略：训练孩子的想象力、对称理解力和绘画能力。

蒙氏指导

　　按照左边的图把右边画完，然后涂色。

蒙氏新语

　　孩子作画时，鼓励他们随心所欲。

骄傲的公鸡

难易程度 ★★★☆☆

蒙氏方略：训练孩子的空间智能和绘画能力。

蒙氏指导

右面5个图案，是公鸡的哪个部分？找对了，就给公鸡涂上颜色吧。

画手绢

难易程度 ★★★☆☆

蒙氏方略：训练孩子的想象力、创造力和绘画能力。

蒙氏指导

　　将手绢或面巾纸展开，让孩子用水笔随意画图案，画什么都很漂亮。

蒙氏新语

　　左脑的记忆为"背记能力"，遗忘率很大，而右脑的记忆是以形象记忆为主，它包含有形状认识力和类型识别力。3岁以上的孩子已经有了形象记忆和类型识别的基础，可以和孩子进行记忆训练游戏。

什么乐器

难易程度 ★★★☆☆

蒙氏方略：训练孩子的想象力和绘画能力。

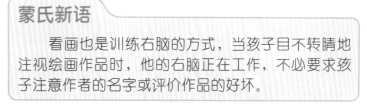

蒙氏指导

从上面简图中你看到了什么乐器？你能画一画吗？

蒙氏新语

看画也是训练右脑的方式，当孩子目不转睛地注视绘画作品时，他的右脑正在工作，不必要求孩子注意作者的名字或评价作品的好坏。

新年礼物

难易程度 ★★★☆☆

蒙氏方略：训练孩子的想象力。

蒙氏指导

　　熊妈妈为孩子们准备了新年礼物，现在她要把礼物包装好，我们帮助她选好包装盒吧。

填　画

难易程度 ★★★☆☆

蒙氏方略：训练孩子的想象力和绘画能力。

蒙氏指导

　　鱼缸里只有一条小鱼，它很寂寞。在鱼缸里多画几条小鱼和蝌蚪。

蒙氏新语

　　带孩子参观花展、盆景展等展览，直观整体地欣赏作品，这有利于活化右脑，右脑的刺激作用会更明显。孩子作画时，要随心所欲，不要受任何框框的局限。

什么蔬菜

难易程度 ★★★★☆

蒙氏方略：训练孩子的想象力、观察力、形象记忆。

蒙氏指导

数数图中有几种食物，观察实物以后，填上色。

64

一笔画

难易程度 ★★★★☆

蒙氏方略：训练孩子的绘画能力。

蒙氏指导

这些都是一笔画出来的，一起试试看吧。

蒙氏新语

在绘画过程中，右脑对曲线的感受更明显，成人可以和孩子多做这方面的游戏。曲线拓描和联想是比较有趣和易实行的方式。如成人在纸上画一顶圆圆的帽子，让孩子用笔描画部分曲线，看看这一条线是帽子的哪一部分。也可以成人画一段曲线，告诉孩子这是帽顶，让他继续画出帽沿。

制作沙画

难易程度 ★★★★★

蒙氏方略：培养幼儿的动手操作能力和绘画创造力。

蒙氏指导

❶ 准备一个木盘，到建材商店买一些粗沙，将沙子在彩色颜料水中浸泡24小时，捞出晾干，让沙子染上颜色。

❷ 让孩子参照图片，把不同颜色的沙子撒在木盘上。

蒙氏新语

右脑具有绘画感觉能力。绘画作品、自然风景，让孩子尽情地欣赏，陶醉其中，是开发右脑的好办法。

布置房间

难易程度  ★★★★★

蒙氏方略：训练孩子的想象力和绘画能力。

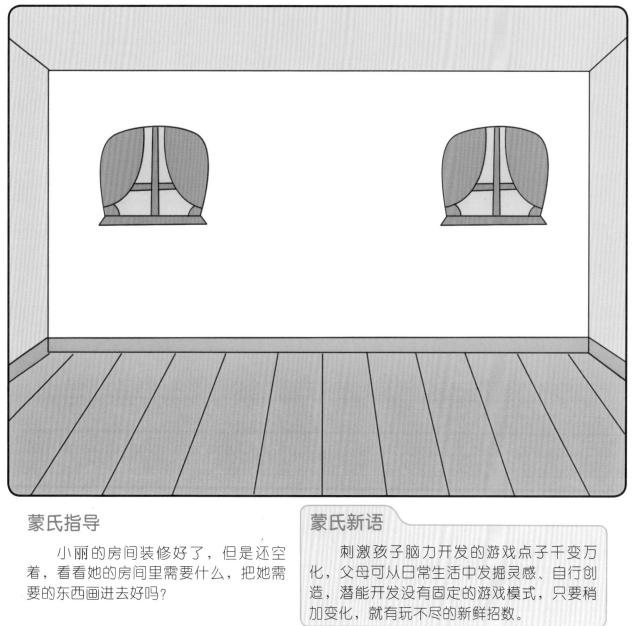

蒙氏指导

　　小丽的房间装修好了，但是还空着，看看她的房间里需要什么，把她需要的东西画进去好吗？

多种方法训练
孩子右脑

使右脑活化的方法，可以归纳为11种，包括刺激左半身体的感觉和神经，有意识地指导孩子使用左手和左脚；锻炼图像类型识别能力，可以在路边让孩子在瞬间识别车子的品牌型号，学围棋、象棋；锻炼图形识别能力，教孩子认识图形，玩迷宫游戏；锻炼绘画感觉，练习绘画、摄影、插花等；锻炼形象思维能力，学习珠算、看体育比赛都是不错的方法；锻炼空间能力，折纸、玩智力游戏、常常走不熟悉的路、玩积木等都是有益的；锻炼感觉能力，包括视觉、听觉、嗅觉、味觉、触觉，有意识地做这些方面的游戏；右脑运动神经的锻炼，可以常做体育运动，玩塑料插块玩具等；多听右脑音乐，特别是古典音乐；冥想；右脑想象力，看图说话，看云、看星空等活动都是增强想象力的好方法。

学会静坐

难易程度 ★☆☆☆☆

蒙氏方略：给孩子一个属于自己内心世界的对话时间，感受自我的存在。

蒙氏指导

准备小坐垫、音乐。

❶ 请孩子静坐在小坐垫上，闭起眼睛不要说话。

❷ 可以放一些轻柔的音乐，安定孩子的情绪。

蒙氏新语

在晴朗的天气里，带孩子观察天上的云朵可启发孩子将不同形状的云朵看成动物、仙女、天使等。专家认为，这是最简便地利用大自然锻炼儿童右脑的好方法。

找不同

难易程度 ★☆☆☆☆

蒙氏方略：训练孩子的观察辨别能力。

蒙氏指导

看看这两幅画，有几处不一样？

补 画

难易程度 ★★☆☆☆

蒙氏方略：训练孩子的想象力、观察力、形象记忆。

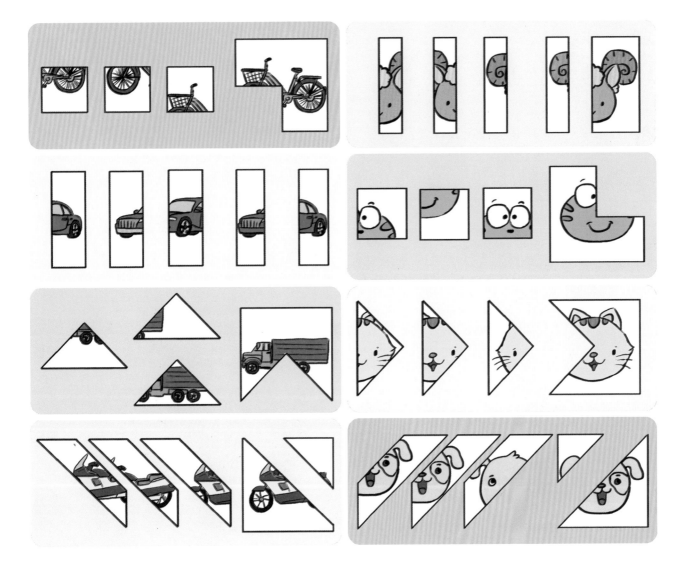

蒙氏指导

右图缺了一块，看看左边的图中哪个能补上？

判　断

哪个是咪咪

难易程度 ★★★☆☆

蒙氏方略：增强孩子的注意力、判断能力。

蒙氏指导

　　下一节上音乐课，小猫们都往音乐教室走，半路上咪咪发现没带课本，只好往回走。找找哪个是咪咪？

一车水果

难易程度 ★★★☆☆

蒙氏方略：训练孩子的想象力。

蒙氏指导

1. 一盒蜡笔被丢在卡车上，夜里各色蜡笔跑出来乱画。
2. 橡皮说："你们不要乱，一个一个地画。"大家说："好吧。"
3. 早上，卡车上堆了满满的水果。卡车司机奇怪了：这些水果是哪来的？
4. 说说看，是谁画的？你也画画。

毛毛和猴娃

难易程度 ★★★☆☆

蒙氏方略：训练孩子的想象力、形态感知能力。

蒙氏指导

　　爷爷养的猴娃特别聪明，毛毛做什么动作，它都模仿。用线连一连，猴娃模仿的是毛毛哪个动作？

葡萄架里找一找

难易程度 ★★★☆☆

蒙氏方略：训练孩子的想象力。

蒙氏指导

　　看看葡萄架里藏着什么，试着讲一个故事。

蒙氏新语

　　想象力训练可以给右脑细胞更多的刺激。只要孩子不厌烦，就可以经常和他玩充满想象力的游戏。不要小看孩子充满好奇的探究活动，或是傻气十足的"胡思乱想"，这些正是创造能力的萌芽。

谁的影子

难易程度 ★★★☆☆

蒙氏方略：增强孩子的观察能力和判断能力。

蒙氏指导

左图的小动物们的影子在右图中，找找哪个是？

一样吗

难易程度 ★★★☆☆

蒙氏方略：增强孩子的判断能力和图形认知能力。

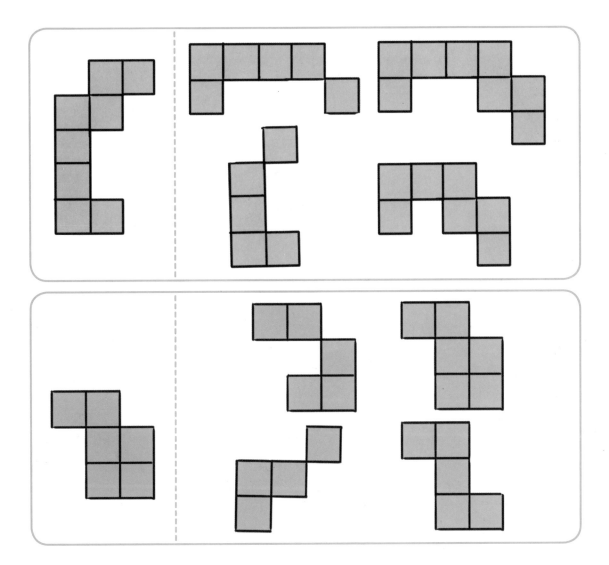

蒙氏指导

看看右面图中哪些和左边的图一样大小?

相同的帽子

难易程度 ★★★☆☆

蒙氏方略：增强孩子的观察能力、辨别能力。

蒙氏指导

大风把小朋友们的帽子刮到半空，大家的帽子有一样花色的吗？

宠物找主人

难易程度 ★★★☆☆

蒙氏方略：增强孩子的注意力、辨别能力。

寻狗启事

蒙氏指导

小丽捡到一只小狗，她让妈妈在网上替狗狗找主人。上面都是丢失狗狗的照片，看看里面有没有小丽捡到的那只。

猴子老鼠打电话

难易程度 ★★★★☆

蒙氏方略：训练孩子的专注力。

蒙氏指导

　　图中5只老鼠和5只猴子通电话，沿着5条电话线不重复地走，找出哪只老鼠给哪只猴子打电话。

圣诞老人

难易程度 ★★★★☆

蒙氏方略：训练孩子的观察力、判断力。

蒙氏指导

圣诞节到了，圣诞老人滑雪橇选择哪条路才能走出错综复杂的雪道？

钓鱼迷宫

难易程度 ★★★★☆

蒙氏方略：训练孩子的专注力和空间能力。

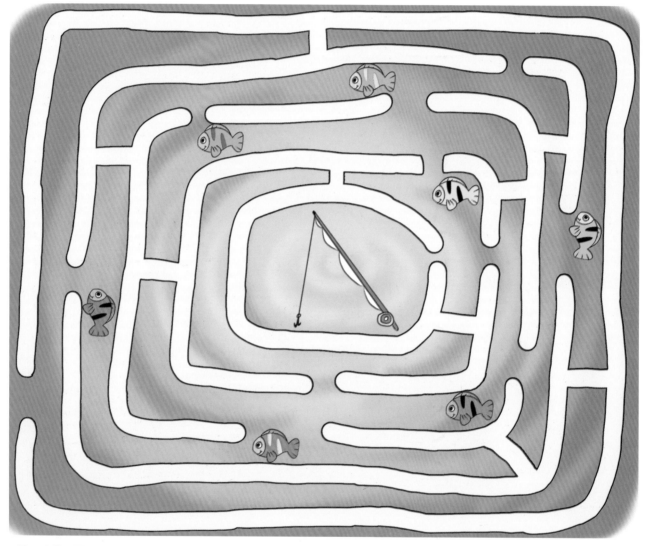

蒙氏指导

　　小猫到鱼塘钓鱼，他必须通过每一条鱼，不准走重复或交叉的路。怎样才能从入口到鱼塘呢？

海底有什么

难易程度 ★★★★☆

蒙氏方略：训练孩子的想象力。

蒙氏指导

　　把带点的格里涂上不同的颜色，就会看到海底的景象。

蒙氏新语

　　带孩子仰望星空，讲述"牛郎织女"类的神话传说，要求孩子张开想象的翅膀，自己编织有关月亮或星星的故事。想象本身就是一种"右脑体操"。

空间

寻　宝

难易程度 ★★★★☆

蒙氏方略：培养空间能力和专注力。

蒙氏指导

　　探险队在深山挖宝，他们沿着不重复、不交叉的路线，沿途挖到11件宝物，很快走到终点。看看他们是怎样走的。

盖房子

难易程度 ★★★★★

蒙氏方略：训练孩子的创造思维和想象力。

蒙氏指导

① 长颈鹿、猴子、山羊和鹦鹉是好朋友，他们想盖一座房子住在一起。

② 长颈鹿想把房子盖得高高的。

③ 猴子说房子里要有树，才能打秋千。

④ 山羊希望房子盖在草地上。

⑤ 鹦鹉觉得房子要盖在空中，像笼子一样。

⑥ 大家忙了很多天，也没有设计出来。猴子说："我们请小朋友帮助设计一座房子吧。"

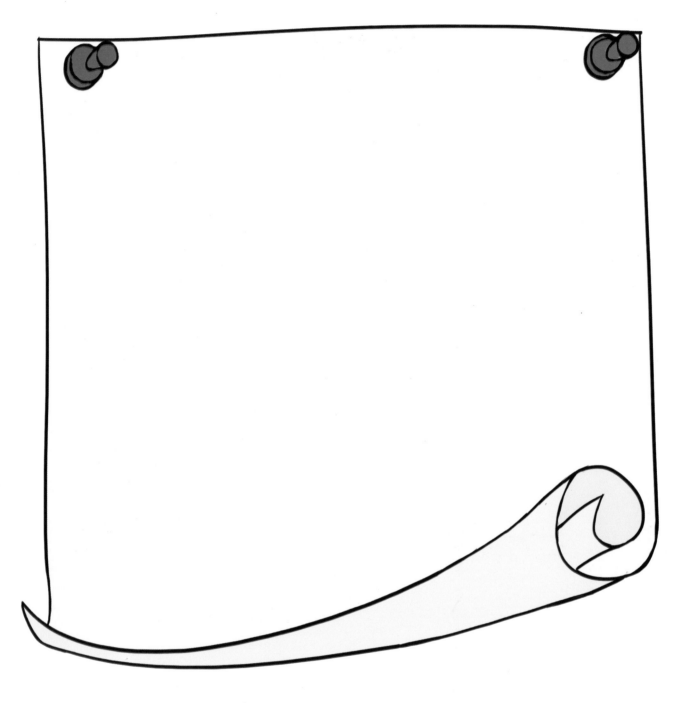

请小朋友将设计好的房子画在纸上吧!

协 调

学珠算

难易程度 ★★★★★

蒙氏方略：开发脑力，锻炼计算能力和注意力，进而提高右脑发育。

珠算加法口诀

一 一上一 一下·五去四 一去九进一
二 二上二 二下·五去三 二去八进一
三 三上三 三下·五去二 三去七进一
四 四上四 四下·五去一 四去六进一
五 五上五 五去五进一
……

蒙氏指导

　　算盘的运算是按照口诀，以手指拨动盘珠来进行的。具体指法是：中指拨动梁上档的盘珠，拇指和食指相配合拨动梁下档的盘珠。

重　叠

难易程度 ★★★★★

蒙氏方略：训练孩子的想象力和推理能力。

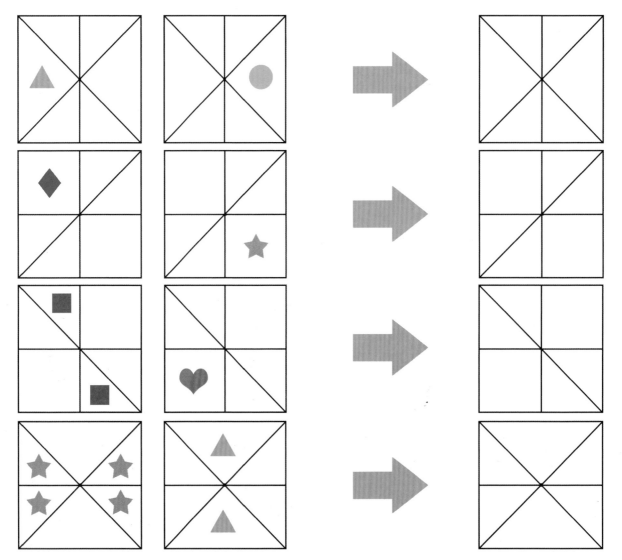

蒙氏指导

　想象一下，如果左边两图是透明纸，把两图重叠，花纹是什么样子？试着画在右图上。